L.C. Wizard

Ein Buch vom Reisen

Für Katharina

Bibliografische Information der Deutschen Nationalbibliothek:
Die Deutsche Nationalbibliothek verzeichnet diese Publikation in der
Deutschen Nationalbibliografie; detaillierte bibliografische Daten sind
im Internet über http://dnb.dnb.de abrufbar.

© 2022   L.C. Wizard

Lektorat: L.C. Wizard

Herstellung und Verlag: BoD – Books on Demand, Norderstedt

ISBN: 978-3-7557-5722-1

Inhalt

Reisen bildet 9

Travemünde/Deutschland/Europa 10

Forggensee/Deutschland/Europa 13

Schruns/Österreich/Europa 16

Gardasee/Italien/Europa 21

Tossa de Mar/Spanien/Europa 24

Hudhuveli/Malediven/Asien 27

Tokyo/Japan/Asien 30

Peking/China/Asien 35

Delhi/Indien/Asien 39

Taipeh/Taiwan/Asien 43

Mombasa/Kenia/Afrika 46

Indio/USA/Nordamerika 53

San José/Costa Rica/Mittelamerika 57

Puerto Ayacucho/Venezuela/Südamerika 62

Moorea/Franz. Polynesien/Ozeanien 66

Lagos/Portugal/Europa 70

Muğla/Türkei/Asien 74

Puerto de la Cruz/Spanien/Europa 78

Acharávi/Griechenland/Europa 82

Langeoog/Deutschland/Europa 86

Bezau/Österreich/Europa 90

Bad Hindelang/Deutschland/Europa 94

Göhren/Deutschland/Europa 98

Zell/Mosel/Deutschland/Europa 102

Wernigerode/Deutschland/Europa 106

In Erinnerungen schwelgen an … 109

Über Reisen … 112

Reisen bildet

Es waren seine Eltern, die Rolf schon in ganz jungen Jahren das Reisen trotz knapper Finanzen ermöglichten und damit frühzeitig neue geistige Horizonte eröffneten.

Der Vater war sich sicher: „Reisen macht glücklich". Außerdem sei die Welt mit einem dicken Buch vergleichbar, und wer nicht reisen würde, läse nur die erste Seite. Die Mutter liebte das Meer und die Berge, bekochte die ganze Familie dort sehr gut, schrieb Reise-Tagebuch, war ein positiver Mensch und sang während der Anfahrt zum Urlaubsziel fröhliche Lieder. So kam die Familie schon in guter Stimmung an der Ostsee oder im Allgäu an.

Als Jugendlicher gab es mit Eltern und Bruder noch längere Fahrten nach Österreich, Italien, in die Schweiz oder nach Jugoslawien. Spätere Reisen als junger Erwachsener, mit Freunden, Freundin und als verheirateter Mann führten Rolf auf alle Kontinente außer der Antarktis und machten ihn um vieles reicher, wie in diesem Buch mit 25 ausgewählten Reisezielen noch zu lesen sein wird.

L.C. Wizard, Weserbergland, im April 2022

Travemünde

Lage: 53° nördlicher Breite, 10° östlicher Länge

Land: Deutschland

Bundesland: Schleswig-Holstein

Region: Ostsee

Einwohner: ca. 13.500

Bevölkerungsdichte: 326 Einwohner/km^2

Sehenswürdigkeiten:

- Brodtener Steilufer
- Ostseestation Priwall
- Alter Leuchtturm Travemünde
- St. Lorenz Kirche
- Seebad Museum
- Naturwerkstatt Priwall
- Brügmanngarten
- Kunstgalerien
- Priwallfähren
- Sandskulpturen Travemünde

Kaum auf der Welt, sollte Rolf schon über den Tellerrand blicken und Deutschland besser kennen lernen. Also machten sich die Eltern per Bahn auf zur Ostsee, wo sie herrliche Urlaubszeiten und manches Abenteuer erleben durften.

Travemünde war das erste Ziel dort; ein Lübecker Stadtteil, der an der Mündung der Trave in die Ostsee liegt und viele Naturschönheiten aufweist (so z.B. die sich seenartig ausbreitende Untertrave, der Priwall, das Erlebnisdorf Warnsdorf oder der Dassower See).

Die Halbinsel Priwall besitzt einen einzigartigen Badestrand, der die Menschen begeistert. Im Vogelschutzgebiet wachsen zahlreiche geschützte Pflanzen (z.B. Strandroggen und Sanddorn) und zwischen Dünen und Wald brüten viele seltene Wasservögel.

Für die traumhaft schöne Natur hatte Rolf als Vierjähriger zwar noch kaum einen Blick übrig, spielte aber mit seinem Bruder und anderen Kindern voller Freude den ganzen Tag am Strand, verbuddelte Quallen und sammelte Steine vom Ostseestrand. Die Eltern beobachteten das Treiben aus dem gemieteten Strandkorb oder stürzten sich mit in die flachen Fluten.

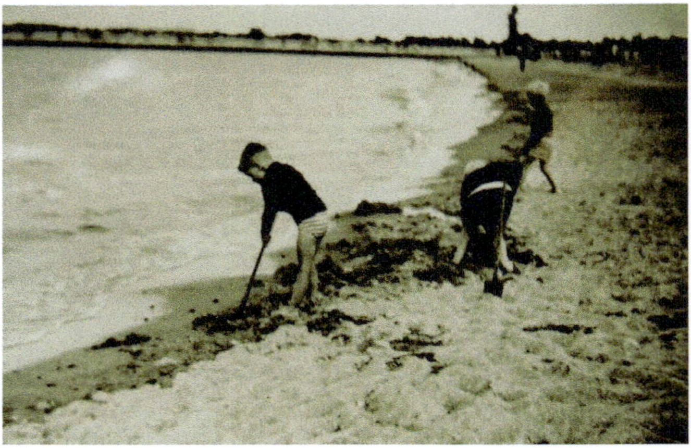

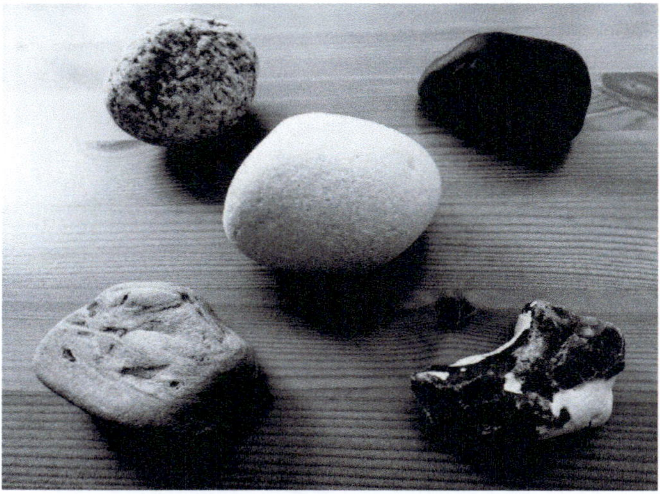

Forggensee

Lage: 47° nördlicher Breite, 10° östlicher Länge

Land: Deutschland

Bundesland: Bayern

Region: Allgäu

Ort: Rieden

Einwohner: ca. 1.330

Bevölkerungsdichte: 101 Einwohner/km^2

Sehenswürdigkeiten:
- Schloss Neuschwanstein
- Stadt Füssen
- Lechfall
- Buchenbergalm
- Alpsee
- Hopfensee
- Schwansee
- Pöllatschlucht
- Branderschrofen – Tegelberg
- Burgruine Hopfen

Ein Jahr nach der Ostsee-Reise brach die Familie mit dem weißen Kugelporsche nach Bayern auf.

Dort wollten sie eine andere Sehenswürdigkeit der Erde, nämlich die Allgäuer Bilderbuchlandschaft mit den Allgäuer Alpen, kennen lernen.

Die mehrstündige Fahrt war anstrengend, denn sie führte auf einer sehr kurvenreichen Landstraße über die Rhön (dt. Mittelgebirge), wo Rolfs Magen des Öfteren rebellierte und er sich dann erst einmal fast bei jeder Straßenkehre erleichtern musste! Schließlich wurde die Landesgrenze von Bayern erreicht, und man fühlte sich in eine andere Welt versetzt. Die Wiesen schienen grüner, der Himmel blauer als woanders zu sein, und in der Ferne sah man die Berge, die teilweise noch weiße Hauben zeigten. Als sie endlich das Ziel, den Forggensee, erreichten, wuchs die Freude noch, denn der See hatte frei zugängliche Ufer und versprach große Badefreuden, die er dann auch hielt. Er bescherte Rolf sogar das Seepferdchen (ein Schwimmabzeichen) und der ganzen Familie eine äußerst entspannte und sorgenfreie Zeit.

Schruns

Lage: 47° nördlicher Breite, 9° östlicher Länge

Land: Österreich

Bundesland: Vorarlberg

Einwohner: ca. 4.000

Bevölkerungsdichte: 220 Einwohner/km^2

Sehenswürdigkeiten:

- Alpengarten Lindauer Hütte
- Bewegungsberg Golm
- Erlebnisweg Litzbach
- Historisches Bergwerk Bartholomäberg
- Käsehaus Montafon
- Schmugglerland
- Silbertaler Waldschule
- Bergknappenkapelle St. Agatha
- Lünersee
- Silvretta-Hochalpenstraße

Zehn Jahre nach dem Ostsee- und Allgäu-Aufenthalt stand Urlaub im Montafon im österreichischen Vorarlberg auf dem Reise-Programm. Das Montafon ist ein 39 km langes Tal, das sich von Bludenz bis zur Bielerhöhe mit der Silvretta-Hochalpenstraße erstreckt. Hauptort ist Schruns, andere Gemeinden heißen Vandans, Tschagguns oder St. Gallenkirch. In diesem südlichsten Vorarlberger Tal sind einige der schönsten Gipfel der Zentralalpen zu bewundern, so z.B. die Drei Türme oder die Zimba. Da fiel es bei den Tal-Wanderungen oder den Hochgebirgstouren leicht, die klare Bergluft zu schnuppern, malerische Bergseen, verschwiegene Maisäßhütten und die alpine Tier- und Pflanzenwelt zu bestaunen.

Auszüge aus dem Reise-Tagebuch verdeutlichen dies sehr anschaulich:

Montag, 22.7.: ... geruhsame Wanderung zum Einwandern zur Maisäßhütte Mularientsch (1.008 m); Aufstieg von Vandans an Montafoner Steingärten vorbei, durch herrlichen Mischwald und an einem Wildbach entlang, im Osten ist das gewaltige Hochjochmassiv zu sehen ...

Dienstag, 23.7.: ... Wanderung von Tschagguns zur Gauertalhütte (1.300 m) in einem der schönsten Täler im Montafon bei fast wolkenlosem Himmel; vom Kraftwerk in Latschau geht es auf mäßig steilem Pfad mit bunten Alpenblumen (u.a. gelbleuchtende Arnika) über Volspora-Maisäß zur Gauertalhütte, dort lecker gegessen (Kaiserschmarren und Hüttentoast); wir sitzen dabei zu Füßen der Tschaggunser Mittagsspitze und der mächtigen Drusenfluh ...

Mittwoch, 24.7.: Ruhetag, Schwimmbad, Minigolf

Donnerstag, 25.7.: ... Fahrt über Bludenz und Bürs nach Brand, dann mit der Seilbahn zum Lünersee; Wanderung von der Douglas-Hütte (1.900 m) zur Totalphütte (2.385 m), sehr anstrengend; dort Mittag gegessen (Schinken und Ei) und um den Lünersee zurück (8 km); eine bildschöne Landschaft ...

Freitag, 26.7.: … über steile Bergwiesen mit vielen Alpen-Disteln und Schwalbenwurz-Enzian von Schruns nach Silbertal an der reißenden Litz entlang; passieren bald den Teufelsbach, der so wild herabströmt, dass man sein eigenes Wort nicht mehr versteht; immer wieder schöne Tiefblicke auf die Weiler Brif und Schöffel; in Silbertal eingekehrt und mit dem Bus zurück (4 Stunden) …

Samstag, 27.7.: … Tagestour über Latschau, Golmer Joch, Platzisalpe, Berggasthaus Rellstal bis Vandans (15 km); recht steile, aber schnuckelige Wanderung unterhalb der felsigen Zimba mit tollen Ausblicken auf zwei winzige Seen; Rolf hat sogar Gemsen gesehen …

Sonntag, 28.7.: … Ruhetag, Karten gespielt; Vater hat den Ball beim Minigolf fast 100 m auf den nebenan liegenden Bauernhof gedroschen! …

Montag, 29.7.: … vormittags kleine Wanderung zur Ruine Valcastiel; sehr warm, nachmittags Baden in Vandans; Heimatabend mit den Kogler-Buam …

Dienstag, 30.7.: … Fahrt mit der Hochjochbahn und Sessellift zum Hochjoch; von dort lassen sich rd. 200 Gipfel erblicken; Wanderung über Wormser Hütte, Kreuzjoch, Herzsee, Schwarzsee (zwei tiefblaue Bergseen) zur Kapellalpe, Talfahrt um 17.00 Uhr …

Mittwoch, 31.7.: ... als letzte Wanderung die schwierigste; von Tschagguns mit dem Sessellift nach Grabs (1.365 m); von dort über Hochegga, die niedliche Alpe Alpila und den romantischen Tobelsee zur Tschaggunser Mittagsspitze (2.160 m); dort lecker gepicknickt (Landjäger, Schinken, Bergkäse, Eier, Brötchen); anstrengende fünf Stunden, aber wurden entschädigt durch beeindruckende Blicke auf die Bergwelt ...

Donnerstag, 1.8.: Frühstück 7.30 Uhr, Abfahrt 8.45 Uhr, Ankunft 17.00 Uhr, die Kinder sagen: „War das eine schöne Reise!"

Gardasee

Lage: 45° nördlicher Breite, 10° östlicher Länge

Land: Italien

Provinz: Brescia

Ort: Gargnano

Einwohner: ca. 2.900

Bevölkerungsdichte: 36 Einwohner/km^2

Sehenswürdigkeiten:
- Kirche San Francesco
- Villa Feltrinelli
- Palazzo Bettoni
- Zitronengewächshaus Malora
- Plateau La Rocca
- Aussichtsberg Monte Cas Peak
- Kirche Madonna di Montecastello
- Altstadt von Malcesine
- See von Valvestino
- Papiermühlenweg

Der Gardasee ist einer der oberitalienischen Seen, wunderschön inmitten von Bergen, Zitronen-, Orangen-, Oleander- und Olivenbäumen gelegen, ca. 50 km lang und nach der Gemeinde Garda benannt.

Mit seinem mediterran geprägten Klima, der dortigen Pflanzenvielfalt, den Köstlichkeiten aus der italienischen Küche und seinen tollkühnen Uferstraßen ist er gerade für viele Nordeuropäer ein sehr inspirierendes Reiseziel.

Urlaub am Gardasee mit der ersten Freundin fühlte sich also genau richtig an. Untergebracht waren sie in dem Ort Gargnano, der am Westufer des Gardasee liegt und viele kleine Gassen, eine bunte Häuserfront und eine hübsche Uferpromenade besitzt.

Als sehr romantisch empfanden sie die vielen Sehenswürdigkeiten am, im und um den See herum: so z.B. der eindrucksvolle und in einem Naturpark liegende Wasserfall Cascata del Varone, die mit einer Bootsfahrt zu erreichende, wunderschöne Insel Isola del Garda oder die mittelalterliche Stadt Mantua (UNESCO Weltkulturerbe), die südlich des Gardasee liegt. Beeindruckend war auch ein Besuch der „Grotten des Catull" in der Nähe von Sirmione, d.s. teilweise noch sehr gut erhaltene Überreste eines prächtigen Herrensitzes aus der römischen Kaiserzeit umgeben von Olivengärten.

In einem Eiscafé in Sirmione hatten sie dann noch einen phantastischen Ausblick auf den See, die umliegenden Berge sowie auf die sich am Ufer entlangziehenden Villen und Zitrusbäume und genossen danach noch viele Tage das Dolce Vita.

Tossa de Mar

Lage: 41° nördlicher Breite, 2° östlicher Länge

Land: Spanien

Provinz: Girona

Region: Costa Brava

Einwohner: ca. 5.700

Einwohnerdichte: 147 Einwohner/km^2

Sehenswürdigkeiten:
- Altstadt von Tossa de Mar
- Cadaqués
- Töpferstadt La Bisbal
- Fischerdorf L´Escala
- Botanischer Garten in Blanes
- Romantischer Park Santa Clotilde
- Dali-Museum in Figueres
- Archäologisches Museum von Ullastret
- Museum des Meeres in Lloret
- Fischerhütten in Calella de Palafrugell

Nach einem Kurzaufenthalt auf einem Zeltplatz im südfranzösischen Sète, der wegen zu viel Regens abgebrochen wurde, flüchteten Rolf und einige Bekannte an die sonnenüberflutete Costa Brava in Spanien.

Die „wilde Küste" ist der nordöstlichste Streifen der spanischen Mittelmeerküste in der autonomen Region Katalonien.

Die Costa Brava verdankt ihren Namen den zerklüfteten Felsmassiven, die von den umliegenden Gebirgszügen steil zum Meer hin abfallen.

Zwischen ihnen liegen kleine Fischerdörfer und unzählige kleine Buchten mit einladenden Sandstränden.

In guter Erinnerung geblieben ist ihnen auch eine interessante Tagesfahrt nach Barcelona, wo sie den weltberühmten Sakralbau „Sagrada Familia", das Fußballstadion „Camp Nou" und das Kloster „Montserrat" besichtigten.

Besonders in dem Ort Tossa de Mar verbrachten sie manche Stunde tagsüber am Strand und konnten leckere spanische Speisen genießen (z.B. pollo con patatas fritas oder paella).

Abends waren sie oft in einer Stranddisco. Dort wurde ihre Musik gespielt, man konnte viele nette Leute kennen lernen und verschiedene Biersorten ausprobieren …

Hudhuveli

Lage: ≈ 4° nördliche Breite,

≈ 73° östliche Länge

Land: Malediven

Region: Nord-Male-Atoll

Einwohner: nur Hotelgäste und Angestellte

Sehenswürdigkeiten:
- Atoll Transfer
- Fischmarkt in Malé
- Große Moschee
- Nationalmuseum
- Sultan Park
- Hulhumale Insel
- Maafushi Insel
- Unterwasserwelt
- Sandbank-Schnorcheln
- Ganztageskreuzfahrt Malediven

Nach einer beruflichen Umorientierung war eine Flugreise zu den Malediven für Rolf genau das Richtige, um wieder einmal den Kopf frei zu bekommen. Dieses eigenständige tropische Land in Südasien liegt im Indischen Ozean und besteht aus 26 ringförmigen Atollen und ist für seine traumhaften Strände, blauen Lagunen und Korallenriffe mit unzähligen bunten Fischen bekannt.

Schon der Anflug über die ersten der mehr als 1.000 Inseln dieses Urlaubsparadieses zur Hauptstadt Malé war etwas Atemberaubendes.

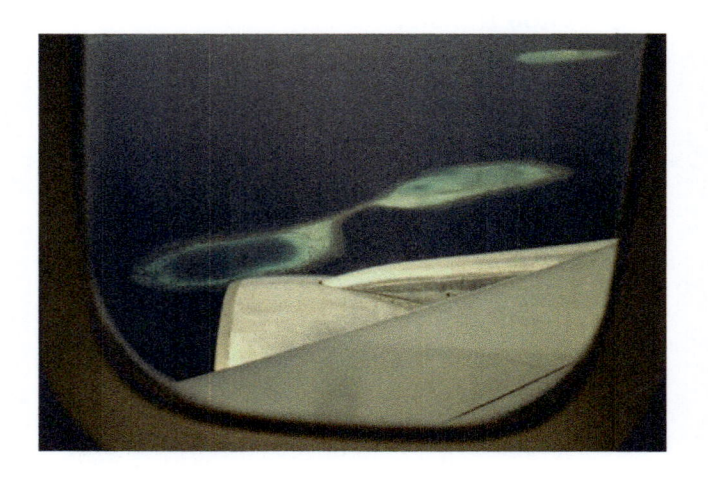

Nach der Ankunft fuhren Rolf und ein guter Freund mit einem Boot zu einer Insel im Nord-Male-Atoll. Der Transfer dauerte etwa eine Stunde und führte sie über das tiefblaue Meer nach Hudhuveli, was „weißer Strand" bedeutet. Die Insel, die eine Größe von 400 x 45 Metern hat, machte ihrem Namen alle Ehre und bescherte ihnen eine unvergessliche Zeit, die sie vor allem mit Faulenzen, Entspannen beim Aufs-Meer-Schauen, Frische-Früchte-und-Fisch-Essen sowie mit Schnorcheln und faszinierenden Einblicken in die Unterwasserwelt in der Lagune und am Hausriff verbrachten, das 300 Meter von der Insel entfernt war.

Tokyo

Lage: 35° nördliche Breite, 139° östliche Länge

Land: Japan

Region: Kanto

Insel: Honshu

Einwohner: ca. 10 Mio. Einwohner

Einwohnerdichte: ca. 5.000 Einwohner/km^2

Sehenswürdigkeiten:
- Kaiserpalast
- Meiji-Schrein
- Tokyo-Tower
- Shibuya-Viertel
- Tokyo Skytree
- Akihabara Electric Town
- Senso-Ji-Tempel
- Ueno-Park
- Roppongi-Viertel
- Asakusa-Schrein

Als Rolfs Bruder in Japan studierte, ergab sich die Gelegenheit, ihn dort einmal in der Hauptstadt Tokyo zu besuchen. Diese ostasiatische Inselnation im Pazifik faszinierte sie vor allem durch das enge Nebeneinander von Neu und Alt: Megastädte mit Wolkenkratzern und großen Vergnügungsvierteln, riesige innerstädtische Parks, Kaiserpaläste und Tausende von buddhistischen Schreinen und Tempeln.

Mit dem Bruder, der im Stadtteil Setagaya mit 1 Mio. Einwohnern lebte und gut japanisch sprach, konnten sie viele Ausflüge machen und in die völlig fremde Kultur eintauchen, was allein schwierig geworden wäre. Highlights waren ein Besuch des Restaurants Ukai Toriyama mit Gourmetküche und Bedienung in Kimono, der Aufenthalt in einem Onsen (jap. Thermal-Badeanlage) und als Höhepunkt der Aufenthalt im Nationalpark Fuji-Hakone-Izu mit Fujijama-Besteigung - der mit 3.776 m höchste (heilige) Berg Japans, ein erloschener Vulkan.

Aber auch die Erkundung der Umgebung der Wohnung war sehr interessant und machte viel Spaß: Bevor man z.B. ein Restaurant betrat, konnte man sich vorher die dort angebotenen Speisen in aus Kunststoff nachgebildeter Form in einer Vitrine ansehen. Aus den an jeder Ecke vorhandenen Getränkeautomaten ließen sich nicht nur Bierdosen oder andere Getränke in jeder Größe ziehen, sondern man konnte am Automaten oftmals auch noch ein Spielchen machen und dabei ein weiteres Getränk gewinnen; bei Rolf reichte es aber nur zu einem Pfirsichsaft!

33

Da Hygiene in Japan sehr wichtig ist, lautet die wichtigste Hausregel: Schuhe aus! Vor der Eingangstür einer Wohnung zieht ein Besucher grundsätzlich seine Straßenschuhe aus und Hausschuhe an.

Auch die Vorstellung, dass man mit denselben Schuhen, die man in der Wohnung trägt, auf die Toilette gehen könnte, ist den Japanern äußerst unangenehm. Also werden vor der Toilette ebenfalls spezielle Hausschuhe bereitgestellt, die nur in der Toilette benutzt werden.

Weil mancher westliche Besucher diesen Schuhwechsel nicht beherrscht, sind viele Hotels und Restaurants dazu übergegangen, die Toilettenschuhe rot einzufärben und sie mit einem WC-Zeichen zu bedrucken, damit die Gäste damit nicht zurück in den Restaurantbereich gehen!

Peking

Lage: 39° nördliche Breite, 116° östliche Länge

Land: China

Region: Nordchina

Einwohner: ca. 21 Mio.

Einwohnerdichte: ca. 1.330 Einwohner/km^2

Sehenswürdigkeiten:

- Abschnitte der Chinesischen Mauer
- Verbotene Stadt
- Himmelstempel
- Neuer Sommerpalast
- Tian´anmen-Platz
- Palastmuseum Peking
- Lamatempel
- Jingshan-Park
- Beihai-Park
- Große Halle des Volkes

Marco Polos Erzählungen hatten Rolf und einige Freunde neugierig gemacht, und sie wollten in China ganz andere Menschen, Speisen, Sprachen, Kleidung und Bräuche kennen lernen.

Spannend war schon der Hinflug nach Changi Airport in Singapur, das direkt auf dem Äquator liegt, und über den Himalaya mit seinen 14 Achttausendern nach Peking, Chinas Hauptstadt: „Es war wunderbar, den Mount Everest von oben zu sehen!"

Tagebuch-Aufzeichnungen aus dem geheimnisvollen asiatischen Reich der Mitte verdeutlichen ihre Sehnsucht nach neuen Orten:

Dienstag, 28.12.: … Besuch des Kaiserpalastes (= Verbotene Stadt), riesiges, beeindruckendes Gelände; danach Besichtigung des Himmelstempels, in dem die Kaiser der Ming- und Qing-Dynastien jedes Jahr für eine gute Ernte beteten …

Donnerstag, 30.12.: … Fahrt mit dem Bus zur imposanten Chinesischen Mauer, kleiner Spaziergang auf dem oft stark ansteigenden Weg auf der Mauer, schöne Blicke ins nahe Bergland …

Freitag, 31.12.: … Fahrt mit dem Taxi zur Peking-Railway-Station, Verständigung mit Mimik und Gestik, dort unter den Reisenden die einzigen Ausländer weit und breit, scheue und erstaunte Blicke der Chinesen erhascht, eine völlig fremde, faszinierende Welt; danach Bummel über den Vogelmarkt; verschiedene schmackhafte chinesische Gerichte probiert, lecker …

Sonntag, 2.1.: … zu Fuß in den Park gegenüber dem Lama-Tempel aufgebrochen, meditative Musik gehört und Schattenboxern zugesehen, im Tempel eine 18 m hohe Buddha-Statue bestaunt; abends Besuch einer Kanton-Oper, bunt und fremdartig …

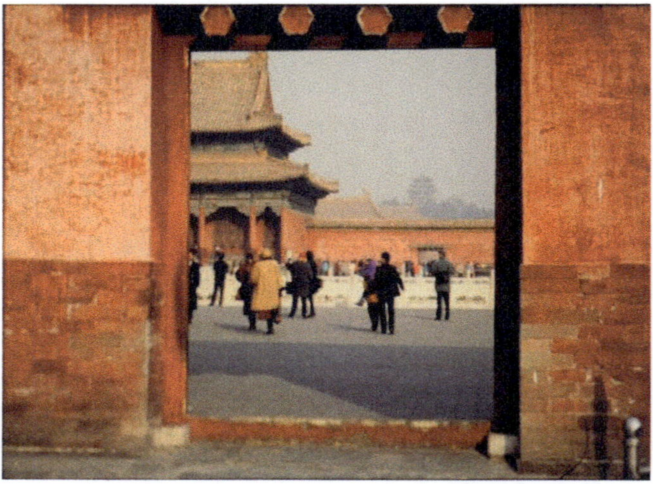

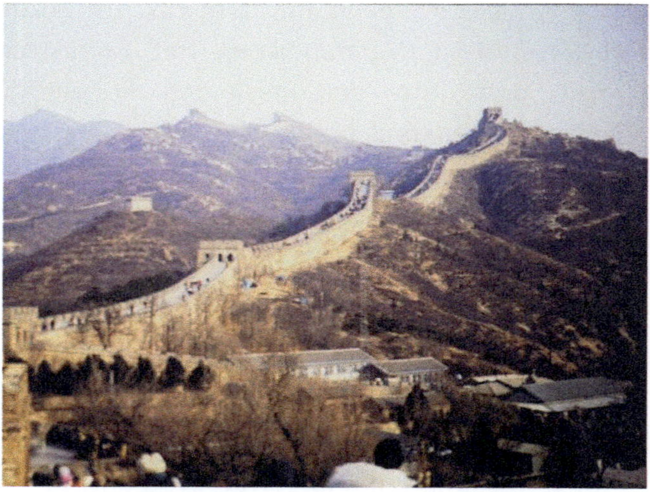

Delhi

Lage: 28° nördlicher Breite, 77° östlicher Länge

Land: Indien

Region: Nordindien

Einwohner: ca. 15 Mio.

Einwohnerdichte: ca. 12.000 Einwohner/km^2

Sehenswürdigkeiten:
- Rotes Fort
- Jama Masjid
- Connaught Place
- Präsidentenpalast
- India Gate
- Sikh-Tempel Gurudwara
- Humayun-Mausoleum
- Lodi Gardens
- Ghandi Smriti Museum
- Zentrum f. indische Kultur (Akshardam)

Asien mit seinen besonderen Farben, Gerüchen und Eindrücken hatte es Rolf angetan und er wollte seinen Horizont nun auch auf dem indischen Subkontinent erweitern.

Indien mit der Hauptstadt Delhi war wie ein Rausch, voller sinnlich erregender Impressionen und Überraschungen, aber auch ein Kulturschock, der erst verarbeitet werden musste: bunt gemischte Menschenmassen, weise Männer (Sahdus) mit Lendenschurz, Frauen mit verzierten Saris, dazwischen viele Bettler - oftmals mit fehlenden Gliedmaßen -, Kühe und Hunde.

Autos hupten ununterbrochen in einem chaotisch anmutenden Verkehrsgeschehen; Paläste, Basare und Wellblechhütten in ständigem Wechsel; die Luft heiß und feucht.

Ein betörender Duft von Räucherstäbchen und Gewürzen mischte sich mit hypnotischen Melodien und Essensgerüchen; viele freundlich wirkende Inder lächelten Rolf an, andere bedrängten ihn auf eine Weise, die zunächst verstörend wirkte.

Die Großstadt Delhi ist eine Kulturmetropole und weist eine Fülle von Tempeln, Museen und Galerien mit beindruckenden Sammlungen auf. Unzählige Läden locken mit orientalischem Kunsthandwerk. Die Tanz-, Musik- und Kunstangebote sind unüberschaubar.

Eine kulturelle Besichtigungstour beinhaltete die größte Moschee Asiens (Jami Masjid), das Humayan Grabmal (Mausoleum des zweiten Mogul-Herrschers), das Kunsthandwerk-Museum und das Red Fort (Lal Qila, mit roten Sandsteinzinnen). Letzteres ist eine Festung, die als Herrschaftspalast der Moguln erbaut wurde.

Zum Roten Fort in der Altstadt Delhis fuhr Rolf mit einer Fahrradrikscha und kam dabei mit dem Fahrer ins Gespräch, der ihn später zu sich zu einem netten Treffen nach Hause einlud. Der europäische Gast machte Fotos und versprach dem Inder und seiner Familie, sie ihnen später zuzuschicken. Wochen später kam ein sehr dankbares und anrührendes Antwortschreiben:

„Dear german friend,

I hope this letter finds you and all the members of your family in health and spirits.

I received your letter containing two photographs. I am very thankful and full highly obliged for your kind and affectionate act.

May god bless you and your family members with long happy life and prosperous future.

Once again thanking you very much!

With kind regards and best wishes

Sincerely yours

Pooran"

Taipeh

Lage: 25° nördliche Breite, 121° östliche Länge

Land: Taiwan

Region: Nordtaiwan

Einwohner: ca. 2,7 Mio.

Einwohnerdichte: ca. 9.900 Einwohner/km^2

Sehenswürdigkeiten:
- Chiang-Kai-shek-Gedächtnishalle
- Nationales Palastmuseum
- Sun-Yat-sen-Gedächtnishalle
- Mengjia Longshan-Tempel
- Shi Lin Night Market

Individuelles Reisen in asiatischen Ländern birgt oftmals besondere Herausforderungen, wenn es darum geht, voranzukommen, sich zu verständigen (kaum jemand spricht englisch) oder die anvisierten Sehenswürdigkeiten auch zu finden. Gibt es dabei ein Erfolgserlebnis, fördert es Selbstständigkeit und mentale Stärke.

Derartige Hürden schienen für Rolf und einen Freund in Taipeh, Hauptstadt Taiwans, zunächst angesichts der Verhältnisse vor Ort besonders hoch zu sein.

Nach einiger Zeit lernten sie aber einen Taiwanesen namens Chen kennen, der sich während eines freundlichen Gesprächs anbot, den beiden Freunden behilflich zu sein und ihnen manches Sehenswerte im Land zu zeigen:

„Hey guys, do you speak english? How are you, can I help you?

Is this your first visit here? Where do you come from?

Do you have a hotel guide? May I show you a guest house, not too expensive?"

Das war ein Glücksmoment, denn der Einheimische entpuppte sich nicht nur als ein großartiger Mensch, sondern lud sie sogar zu sich nach Hause ein, wo große Gastfreundschaft und eine Fülle von asiatischen Köstlichkeiten auf sie warteten.

Der Tisch bog sich unter der Last der angebotenen Speisen. Es gab: Nudelsuppe mit Rindfleisch, Austern-Omelette, vergorenen Tofu-Reis mit Schweinefleisch, Ananaskuchen, Gua bao (Lotusblatt-Brötchen) und Boba (Tee). Diese Zusammenkunft war eine Reiseerfahrung, die sie unheimlich wertschätzten und die Spuren in allen Herzen hinterließ: die Gäste konnten kein Taiwanesisch und die Gastgeber kein Deutsch oder Englisch, aber das hinderte sie nicht, einen wunderbaren Abend miteinander zu verbringen, zu lachen, zu singen und sich ein bisschen besser zu verstehen.

Mombasa

Lage: 4° südliche Breite, 39° östliche Länge

Land: Kenia

Region: Ostafrika

Einwohner: ca. 1,2 Mio.

Einwohnerdichte: ca. 5.500 Einwohner/km^2

Sehenswürdigkeiten:

- Fort Jesus
- Heilig Geist Kathedrale
- Alte Markthalle
- Altes Postamt
- Shree Swamnarayan Academy
- Großmarkt
- Haller Park
- Tusks (Stoßzähne als Torbogen)
- Mombasa-Altstadt
- Hafen am Indischen Ozean

Es sollte auf Safari gehen, hatten sich Rolf und zwei Freunde schon lange gewünscht. Joseph Conrad und Ernest Hemingway versprachen Abenteuerliches im Herz der Finsternis und im Schnee am Kilimandscharo, dem mit 5.890 Metern höchsten Berg Afrikas.

Um die grandiose Wildnis Ostafrikas achtsam erkunden zu können, wählten sie einen Veranstalter aus, der eng mit den lokalen Gemeinschaften zusammenarbeitete und verantwortungs- und umweltbewusst agieren sollte. Ausgangspunkt für die Safari war die zweitgrößte Stadt Kenias, Mombasa.

Mit dem VW-Bus ging es dann über Maungu und Mwatate Richtung Tsavo-Nationalpark. Übernachtet wurde in verschiedenen Camps oder Lodges. Es gab den Wunsch, möglichst die „Big Five" unter den wilden Tieren Afrikas (Elefant, Löwe, Nashorn, Kaffernbüffel, Leopard) zu sehen.

Auf dieser Suche durchfuhren sie zunächst die Feuchtsavannen der Küstenzone und danach Trockensavannen, in denen manche Blumen ebenso blühten wie die hier dominierenden, breitkronigen Schirmakazien. Oftmals versperrten Haken und Dornen eines wild durcheinander wuchernden Pflanzengestrüpps scheinbar jeden Weg.

Dornbüsche, Kakteen, Wüstenrosen, Steppen- und Bambusgras bildeten eine phantastische Kulisse, als sie das erste Großwild erblicken: für immer bleibende Erinnerungsschätze!

Neben den Netzgiraffen tummelten sich unzählige Gnus und Grevy-Zebras. Aber sie sahen auch Paviane, Geparden, Flusspferde, einen Kaffernbüffel, verschiedene Gazellen, Affen und ein Dikdik, eine Zwergantilope. Auf dem Weg zum Kilimandscharo rasteten sie in den Taita Hills und konnten dort ihr Glück kaum fassen: Es ließen sich nicht nur einige Löwen beobachten, sondern sogar ein Leopard, der aufgrund seiner nächtlichen Lebensweise nur sehr selten zu sehen ist.

Dann erreichten sie den Amboseli-Nationalpark zu Füßen des Kilimandscharo, wo sich das Wildleben vor den Schneegipfeln dieses Sehnsuchts-Berges abspielt.

Nach einigen Tagen mit weiteren großartigen Tierbeobachtungen hieß das neue Ziel Mount Kenya, mit 5.199 m Kenias zweithöchster Berg, wo die hochalpine Zone erreicht wurde und sie in der dortigen Mountain Lodge auf über 2.000 m Höhe übernachteten. Hier konnte man sich wecken lassen, sobald vor der Lodge an einem Wasserloch Tiere zu beobachten waren. Und tatsächlich: Nachts trat eine Büffelherde aus dem Unterholz hervor!

Zu bald fuhren sie weiter (mit Äquator-Überquerung) ins Land der Samburu, ein nilotisches Volk, die als Viehzüchter im Norden Kenias leben.

Es kam dort zu herzlichen Begegnungen, und diese Zeit ging allzuschnell vorüber. Schließlich endete der Kenia-Aufenthalt mit einer abschließenden Reise zum Indischen Ozean. Der Schwarze Kontinent hatte gehalten, was die Freunde sich davon versprochen hatten, und sie nahmen dieses nicht nachweisbare, aber unheilbare Afrika-Fieber mit beständigem Fernweh mit nach Hause.

Die Ansichtskarten aus Afrika brauchten sechs Wochen, bevor sie in der Heimat ankamen.

Indio

Lage: 33° nördliche Breite, 116° westliche Länge

Land: USA

Bundesstaat: Kalifornien

County: Riverside County

Einwohner: ca. 88.000

Einwohnerdichte: ca. 1.000 Einwohner/km^2

Sehenswürdigkeiten:
- Joshua-Tree-Nationalpark
- Saltonsee
- Coachella Valley
- Death Valley
- Fantasy Springs Resort Casino
- Shields Date Garden
- Riverside County Fairgrounds
- Indio Open-Air Market
- Gargan Optics Observatory
- Heritage Palms

Die Basis für Rolfs Abenteuerlust und Wunsch, die Welt zu sehen, war schon in der Kindheit durch Reisen mit den Eltern gelegt und mit Aufenthalten in Asien und Afrika verstärkt worden. Eine weitere Reise sollte mit einigen Freunden in den „Golden State" Kalifornien gehen, der mit einer wilden Natur, wunderbarer Musik und vielen Sonnenstunden gesegnet ist.

Sie hatten Energie an den Stränden von Venice Beach getankt, in den bunten Ledersesseln vieler amerikanischer Diners gesessen, die idyllische Route 1 an der kalifornischen Küste befahren, in Indio amerikanische Pick-ups und Motorräder bewundert und spektakuläre Sonnenuntergänge in der Mojave-Wüste erlebt.

Auf einem endlos erscheinenden Highway ging es dann mit einem gemieteten Oldsmobile ins Death Valley (Tal des Todes, einer der heißesten und tiefsten Orte der Erde, teilweise 86 m unter dem Meeresspiegel). Diese Wüste der Extreme wartet mit leuchtenden Sanddünen, schneebedeckten Bergen, mehrfarbigen Gesteinsschichten, Salzseen und Temperaturen bis zu 55 Grad auf. Die Einfahrt in diesen Nationalpark war erst möglich, nachdem sie nachgewiesen hatten, dass genug Getränke im Wagen mitgeführt wurden.

Übernachtet wurde in der Oase Furnace Creek, die ihnen wie ein surrealer Ort vorkam: eine weitläufige Ranch mit Gästehaus, sauber, gepflegt, mit großen Rasenflächen und Swimming Pool inmitten dieser lebensfeindlichen Wildnis.

Ein geselliger Abend auf der Veranda des Gästehauses gestaltete sich angesichts der Palmen in der Oase, unter einem blinkenden Sternenhimmel und mit guter Musik feuchtfröhlich.

Rolf fungierte als Discjockey und servierte einen Westcoast- und andere Hits am Fließband, so z.B.:

- Eagles „Hotel California"
- Santana „Hope You´re Feeling Better"
- Mamas and Papas „California Dreaming"
- Free „All Right Now"
- Sonny & Cher „I Got You Babe"
- Scott McKenzie „San Francisco"
- Bob Marley "Jamming"
- Canned Heat „On The Road Again"
- Laid Back „Bakerman"
- The Doors „L.A. Woman"

San José

Lage: 9° nördliche Breite, 84° westliche Länge

Land: Costa Rica

Region: Valle Central

Einwohner: ca. 340.000

Einwohnerdichte: ca. 7.600 Einwohner/km^2

Sehenswürdigkeiten:
- Zentralmarkt
- Kunstmuseum Costa Rica
- Museum f. präkolumbianisches Gold
- Nationaltheater
- Central Avenue Boulevard
- La Sabana Metropolitan Park
- Kaffee Tour Costa Rica
- Metropolitan Cathedral
- Nachtleben von San José
- Vulkan Arenal

Der Reiz des Unbekannten zog die Freunde erneut in die Ferne, diesmal nach Costa Rica.

Das mittelamerikanische Land hielt dann auch, was der Name versprach: 2 Ozeane, mächtige Vulkane, dichte, staatlich streng geschützte Urwälder und eine reichhaltige Tier- und Pflanzenwelt, die dem Reisenden den Atem raubt. Kolumbus hatte diesen Landstrich 1502 entdeckt und „reiche Küste" benannt; als Bindeglied zwischen Nord- und Südamerika vereint Costa Rica mit der Hauptstadt San José viele tropisch-exotische Besonderheiten, sehr fröhliche, lebenslustige Menschen und ist ein wahres Paradies für Musik- und Naturfreunde.

Und wahrlich: Rolf konnte sich während einer Dschungeltour im Tortuguero-Nationalpark gar nicht an den Affen und Tukanen in den Baumriesen sattsehen, die sich über die Eindringlinge lustig machten, riesige blaue Falter taumelten über die Urwaldflüsse und ein Freund legte das Vogel- und Pflanzenbestimmungsbuch gar nicht mehr aus der Hand, denn der Artenreichtum und die Farbenvielfalt der Tropen sind unglaublich.

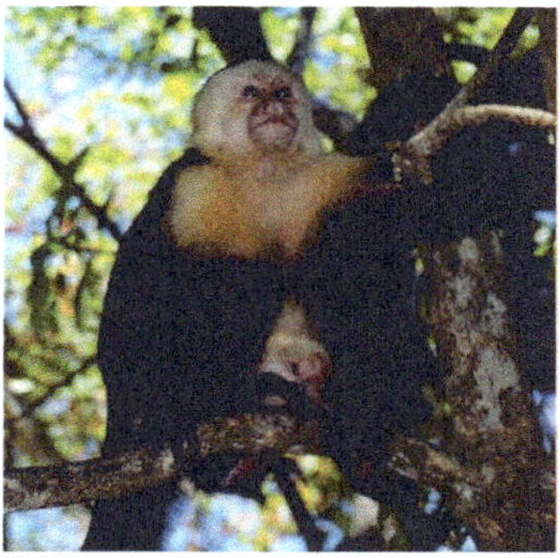
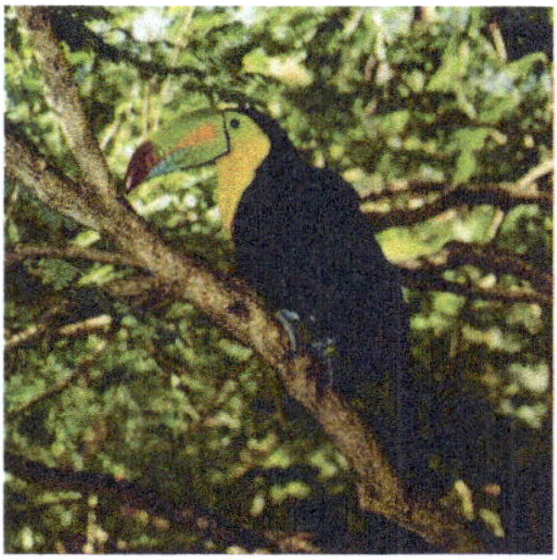
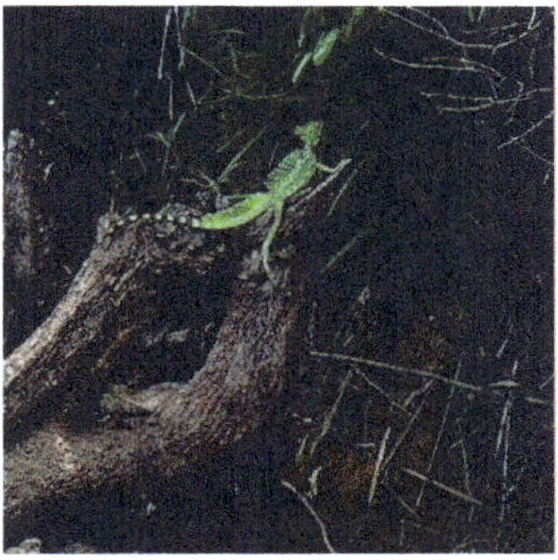
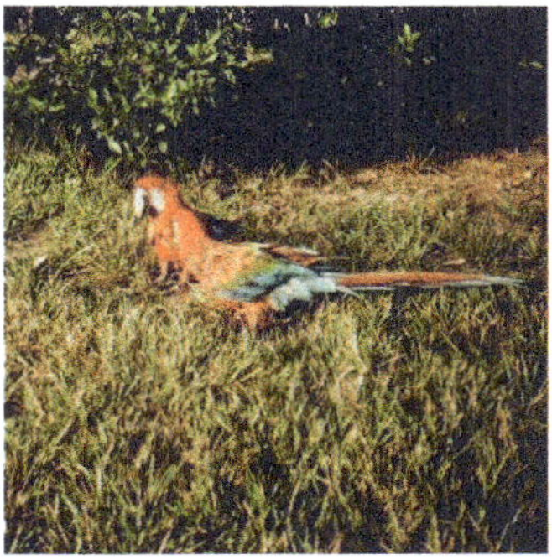
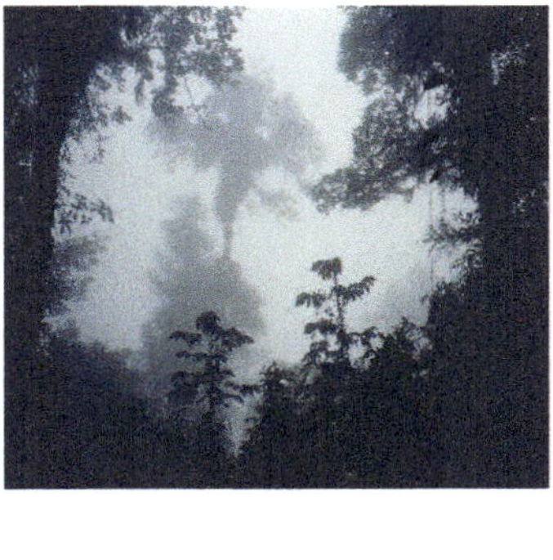
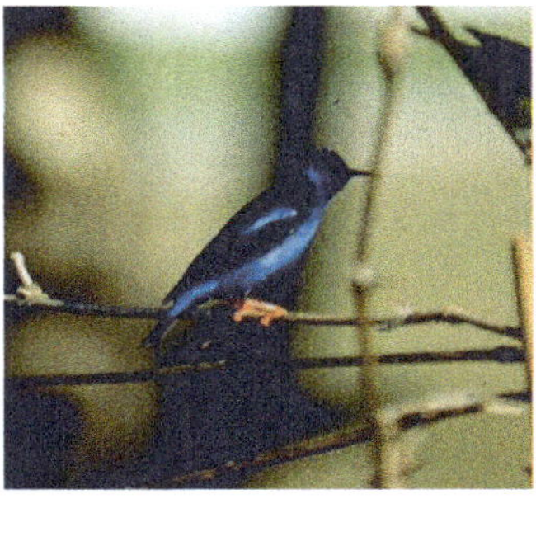

Brüllaffen verhalfen ihnen zu einer recht kurzen Nacht in der Dschungel-Lodge, doch das störte kaum. Nach einem typisch costaricanischen Frühstück (Pinto, wie fast jeden Morgen = ein interessant gewürztes Gemisch aus Reis und schwarzen Bohnen mit Kochbananen und Rühreiern) war der Vulkan Arenal ein nächstes Ziel.

Und der gab sich dann tatsächlich viel Mühe, bedrohlich zu wirken, denn im Moment der Beobachtung ertönte ein Grollen und etwas Asche wurde ausgespuckt!

Die Zeit in Costa Rica sollte mit einem längeren Bade-Aufenthalt im Nationalpark Manuel Antonio südlich von Quepos an der wilden Pazifik-Küste ausklingen. Auf der Fahrt dorthin durchfuhren sie riesige Kaffee-, Kakao-, Bananen- und Zuckerrohr-Plantagen, sahen viele Öl- und Kokosnuss-Palmen und manchmal flogen bunte Aras kreischend über die Auto-Piste.

Das Hotel mit seinen verstreut liegenden Bungalows glich einem tropischen Garten mit vielen leuchtend roten Hibiskus-Blüten und Mandelbäumen mit Blick auf die Urwaldszenerie, Mangrovensümpfe und das blaue Meer.

Es hielt die Freunde nicht lange dort. Sie nahmen den Pfad zur weißen Sandbucht und stürzten sich bald in die heranrollenden Pazifik-Wellen.

Puerto Ayacucho

Lage: 5° nördliche Breite, 67° westliche Länge

Land: Venezuela

Bundesstaat: Amazonas

Bezirk: Atures

Einwohner: ca. 104.000

Sehenswürdigkeiten:

- Park Tobogan de la Selva
- Isla Vivoral
- Ethnologisches Museum
- Piedra La Tortuga Natural Monument
- Stromschnellen am Orinoko

Alexander von

Humboldt

Wie kaum jemals zuvor waren Rolf und drei Freunde in Venezuela eingenommen von den Wundern der Natur mit überwältigenden Landschaften: über 3.000 km Küste, eindrucksvolle Gebirgsmassive in den nördlichen Anden, die Urwaldgebiete des Amazonas-Territoriums und die Inseln der Karibik.

Nach der Ankunft in der Hauptstadt Caracas flogen sie nach Puerto Ayacucho, dem Ausgangspunkt für eine Dschungel-Exkursion ins Orinoko-Gebiet; dies auf den Spuren des deutschen Naturforschers Alexander von Humboldt, der diesen 2.140 km langen Nebenfluss des Amazonas als einer der ersten Europäer in den Jahren 1799/1800 bereist und von ihm nach Europa berichtet hatte.

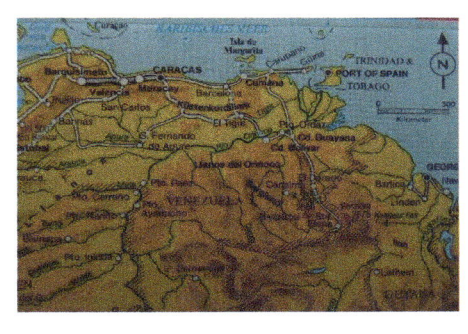

Unterwegs auf den Straßen Puerto Ayacuchos gab es erste überraschende Begegnungen mit den Yanomami-Indianern, denen Rolf ein aus Holz geschnitztes Gürteltier abkaufte.

Auszüge aus dem Reise-Tagebuch:

Montag: Transfer ins Calypso Camp auf holpriger Piste

Dienstag: Baden am traumhaften Orinoko-Strand

Mittwoch: Wir befahren den mächtigen Orinoko mit einem Motorboot. Endlos erscheint die geheimnisvolle Urwald- und Steppenszenerie, die wir auf unserer stundenlangen Fahrt passieren. Farbenfrohe Papageien und sogar ein seltener Hoatzin fliegen mit lautem Getöse auf, Brüllaffen und ein Faultier werden aufgeschreckt, ein rosafarbener Flussdelfin kreuzt unseren Weg und immer wieder hört man Laute, die nicht zuzuordnen sind.

Freitag: Fahrt durch pittoreske Anden-Dörfer nach Merida; Besichtigung des Freilichtmuseums „Los Aleros"; als Höhepunkt mit der längsten Drahtseilbahn der Welt auf den 4.765 m hohen Pico Espejo: Wir fühlen uns dem Himmel sehr nahe!

Moorea

Lage: 17° südliche Breite, 149° westliche Länge

Land: Frankreich

Region: Französisch-Polynesien

Inselgruppe: Gesellschaftsinseln

Einwohner: ca. 17.000

Einwohnerdichte: 127 Einwohner/km^2

Sehenswürdigkeiten:

- Belvedere Aussichtspunkt
- Magischer Berg
- Tiki Village Kulturzentrum
- Temae Beach
- Moorea Tropical Garden
- Landwirtschaftsschule
- Afareaitu Wasserfälle
- Cook´s Bay
- Bucht von Opunohu
- Mount Rotui

Ihr Traum, mindestens einmal im Leben die Inselwelt der Südsee zu bereisen und die Leseeindrücke aus den Büchern von Robert L. Stevenson („Die Schatzinsel"), Daniel Defoe („Robinson Crusoe"), Jack London („Der Seewolf") oder William Somerset Maugham („Südsee-Romanze") nachempfinden zu können, wurde mit einer Reise nach Französisch-Polynesien wahr (rd. 4.100 km nordöstlich von Neuseeland und rd. 4.400 km südöstlich von Hawaii im Pazifik).

Bei der Ankunft in Tahiti wurden Rolf und zwei Freunde ähnlich wie die alten Entdecker von anmutigen Insulanerinnen mit Blütenkränzen begrüßt. Bald setzten sie mit der Fähre zur 17 km entfernten Sehnsuchtsinsel Moorea über, die sie mit ihrer unwirklichen Landschaft sofort in ihren Bann zog.

Auf diesem wunderschönen Fleckchen Erde nahmen die Freunde in der nächsten Zeit die Farben, den Duft und die Blütenpracht der Tropen mit allen Sinnen auf.

Hunderte von Blumen der verschiedensten Art leuchteten aus grünen Gärten und Tiare-Blüten verströmten ihren betörenden Duft. Aus der üppigen Vegetationsdecke der Insel mit Kokospalmen, Rankengewächsen, riesigen Tauhunu-Sträuchern und Tamanu-Bäumen ragten schroffe Felswände, die fast unwirklich und tolkienesk wirkten und sogar den südseeerfahrenen, englischen Entdecker Captain James Cook begeistert hatten.

Die Insel kam ihnen vor wie ein Schlaraffenland, in dem man Bananen und Papayas am Wegesrand im Vorbeigehen pflücken konnte, und es schien auch, als ob man die bunten Fische in der Lagune vor ihrer Unterkunft fast mit der Hand im glasklaren, warmen Wasser hätte fangen können.

Ebenso vielfältig wie die Pflanzenwelt, war ihnen gelegentlich mancher Vertreter der Tierwelt und speziell der Insekten nicht geheuer.

Anfangs hatten sie über die Löcher im Boden ihres Schlafzimmers noch gelächelt, jedoch kamen hier oftmals riesige Kakerlaken herein, liefen auch gern über die Betten und störten den Nachtschlaf nachdrücklich!

Es war sehr schwierig, diese Tiere im Lauf zu erwischen, denn sie sind sehr schnell und haben einen schlingernden Laufstil, so dass man mit dem Hausschuh gern danebenhaute.

Dazu erwiesen sie sich noch als recht intelligent und versteckten sich an sehr unzugänglichen Orten. So dauerte ihre Beseitigung oft sehr lange, so dass danach an einen tiefen Schlaf nicht mehr zu denken war, zumal auch die vielen Grillen im Badezimmer Begleitmusik ertönen ließen.

Der fehlende Schlaf musste dann also am nächsten Tag ausgiebig am Traumstrand nachgeholt werden, soweit es die Sandmücken zuließen …

Lagos

Lage: 37° nördliche Breite, 8° westliche Länge

Land: Portugal

Region: Algarve

Einwohner: ca. 3.500

Einwohnerdichte: 163 Einwohner/km^2

Sehenswürdigkeiten:

- Historisches Stadtzentrum
- Kalksteinfelsen Ponta de Piedade
- Strände in Lagos
- Praia do Camilo
- Wasserpark Slide and Splash
- Zoo Lagos
- Marina de Lagos
- Cabo Sao Vincente
- Sagres
- Weingüter Monte da Casteleja

Sie urlaubten frisch verheiratet in Portugal an der Algarve, und nichts konnte ihre Gefühle besser beschreiben, als der Song „Happy" der Lighthouse Family, der eines Abends beim Betreten eines schönen Strandrestaurants in Luz westlich von Lagos erklang.

Prospekte hatten Rolf und seine Frau Katharina auf einige der schönsten Strände Europas aufmerksam gemacht, wo die Statistik jährlich rund 300 Sonnentage ausweist.

Sie machten kilometerlange Ausflüge zu Fuß nach Burgau, ein niedlicher Fischerort westlich von Luz, und über die Hochebene nach Lagos mit wunderbaren Ausblicken auf die Küste, das blaue Mittelmeer, viele subtropische Pflanzen wie riesige Agaven und vorgelagerte Felsenspitzen und -inseln.

In östlicher Richtung von Luz nach Lagos (10 km) ging es vorbei an unzähligen Feigenbäumen, Zirbelkiefern, Oleander, Wiesen mit bunten Blumen wie Margeriten oder Azaleen und herrlichen Stränden.

In der Altstadt von Lagos war in der lebhaften Fischhalle unterschiedlichstes Meeresgetier zu bestaunen und am Hafen viele bunte Fischkutter.

In einem ihnen empfohlenen Fischrestaurant verspeisten sie als Vorspeise Scampi und als Hauptspeisen Dorade bzw. Sardellenpaste mit gegrillten Makrelen und konnten dem Wirt beim Grillen zusehen. Unterstützend wurde dabei reichlich portugiesischer Wein konsumiert …

Eine sehr kurvenreiche Strecke führte Rolf und Katharina auf einer Ausflugsfahrt einige Tage später an Akazien, Ulmen, Kamelien, Korkeichen und Erdbeerbäumen vorbei ins Monchigue-Gebirge, wo sie schöne Fernblicke auf Lagos und Portimao genießen konnten.

Am Kap Sao Vicente erreichten sie Europas Ende, der Leuchtturm war windumtost und dort an Portugals Westküste zeigte ihnen der Atlantische Ozean seine ganze Kraft.

Muğla

Lage: 37° nördliche Breite, 28° östliche Länge

Land: Türkei

Provinz: Muğla

Einwohner: ca. 115.000

Einwohnerdichte: 68 Einwohner/km^2

Sehenswürdigkeiten:
- Altstadt Saburhane
- Ulu-Moschee
- Muğla-Museum
- Uhrturm am Basar
- Vakiflar Hamami
- Ägäis-Küste
- Bootstour nach Rhodos
- Muğla-Strand
- Landschaftsschutzgebiet Ula Göleti
- Mount Yilanli

Die Neugier und Vorfreude auf das Reiseland Türkei mit seinen vielen Facetten war groß gewesen. Türkisblaues Meer mit leuchtenden Stränden, ausgedehnte Olivenhaine, schmackhafte türkische Gerichte, malerische Fischerdörfer, freundliche Bewohner und gut erhaltene Überreste antiker Kulturen: diese Vorstellungen hatten Katharina und Rolf im Kopf, als sie sich an die Ägäisküste aufmachten, und sie wurden nicht enttäuscht:

1. Tag: … Ankunft in Muğla, wunderbares Abendessen mit Nachspeisen ohne Ende …

2. Tag: … lange Strandspaziergänge mit einmaligen Blicken auf das blaue Mittelmeer; sehr netten Türken begegnet, der dicke Wirt winkt uns nach dem Mittagessen (Dorade und Lamm-Döner) nach und hat Schweißtropfen auf der Stirn …
3. Tag: … Fahrt nach Izmir, dem antiken Smyrna, an der idyllischen Küste der Ägäis entlang durch Olivenhaine und Fischerdörfer; Spaziergang auf der Flaniermeile Izmirs mit vielen Geschäften: die Vielfalt von Obst, Gemüse und Gewürzen ist immer wieder erstaunlich …

4. Tag: … startet mit der Besichtigung einer Teppichknüpferei, die Arbeit ist schwer und die Ergebnisse sehr beeindruckend; habe mir einen Schal gekauft; dann draußen die Sonne genossen …

5. Tag: … Fahrt nach Pergamon. P. gehörte zu den sieben christlichen Gemeinden der Offenbarung des Johannes; wir bewundern das steilste Theater Kleinasiens, den gut erhaltenen Trajan-Tempel und die Fundamente der weltberühmten Bibliothek …

6. Tag: … 2-stündiger Rundgang durch die imponierende antike Stadt Ephesus, die im 2./3. Jh. n. Chr. Ihre Blütezeit erlebte, über den römischen Marktplatz, am Hadrianstor vorbei zur Celsus-Bibliothek; sogar die öffentlichen Toiletten können noch besichtigt werden …

7. Tag: … Istanbul, das sowohl in Europa als auch zum Teil in Asien liegt, erscheint uns wie eines der Märchen aus dem Morgenland; wir sehen die Blaue Moschee, die Hagia Sophia und den Topkapi-Palast; berauschend dann ein Gang durch den Grand Bazaar, einer der quirligsten, buntesten und ältesten Märkte der Welt …

8. Tag: … um 16.30 bin ich ins Hamam und zur Ölmassage, es war wunderbar …

Puerto de la Cruz

Lage: 28° nördliche Breite, 16° westliche Länge

Land: Spanien

Region: Kanarische Inseln

Insel: Teneriffa

Einwohner: ca. 30.000

Einwohnerdichte: ca. 3.490 Einwohner/km^2

Sehenswürdigkeiten:
- Botanischer Garten
- Tierpark Loro Parque
- Lago Martianez
- Taoro-Park
- Plaza del Charco
- Strandpromenaden
- Kirche San Francisco
- Castillo San Felipe
- Museum f. Archäologie
- Plaza de la Iglesia

Rolf hatte einen Spanisch-Kurs belegt und wollte diese Fremdsprache auf einer Reise anwenden, und zwar zusammen mit seiner Frau auf den Kanarischen Inseln, die mit einer mittleren Temperatur um 20 Grad auch Inseln des ewigen Frühlings genannt werden. Die erste Station dort war die größte kanarische Insel Teneriffa - mit ihren vielfältigen Landschaften auch als Kontinent im Kleinen bezeichnet: wüstenartige Gebiete im Süden, regenreiche Wälder im Nordosten, karge Vulkanlandschaften im Inneren mit dem höchsten Vulkan Spaniens, dem oft mit einer Schneehaube bedeckten Teide (3.718 m), üppig bewachsene Täler im Norden, uralte Drachenbäume und viele grandiose Aussichtspunkte auf den Atlantischen Ozean.

Nach der Ankunft in Puerto de la Cruz im herrlichen Orotava-Tal, das auch schon Alexander von Humboldt gelobt hatte, erhielten sie im Hotel ein prächtiges Frühstück mit Papaya, Melone, Aprikosen, Tomaten u.a.m. und wurden danach noch an die Pool-Bar zu Bier und Sangria eingeladen, da das Zimmer noch nicht beziehbar war.

Sie genossen das kanarische Flair und diese Gastfreundschaft sehr und fühlten sie sich wie im Garten Eden …

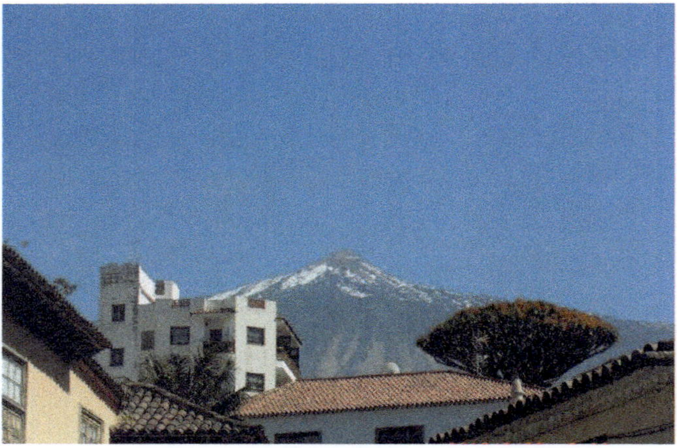

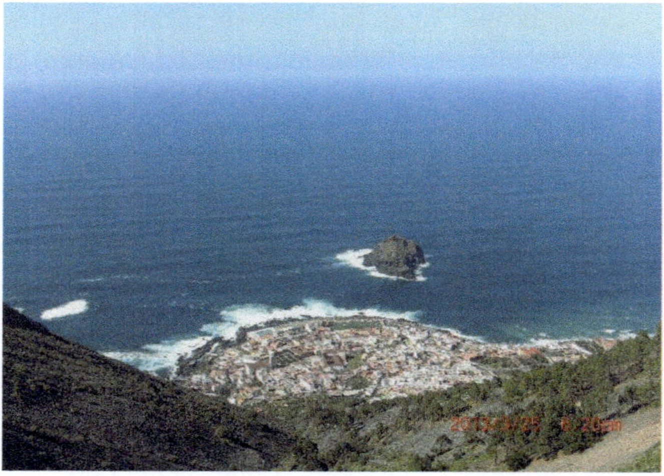

Tagesausflüge führten sie zur spektakulären Masca-Schlucht im Nordwesten Teneriffas, nach Candelaria durch den wildromantischen Esperanza-Wald und nach Arico, ein Geheimtipp mit Ziegenzucht, Weinanbau und Kiefernwäldern im gebirgigen Südosten der Insel, wo sie sehr leckere Kanarische Kartoffeln, Omelett mit Banane, Ziegenkäse, Mojo verde (traditionelle kanarische Sauce) und Wein kredenzt bekamen, aber auch gegrillte Schuessel-Schecken mit Nonnat? hätten essen können!

Äußerst sehenswert waren auch der Loro Parque (ausgezeichnet als bester Zoo Europas; der Taxifahrer fragte: „Du Loro Parque?"), wo man geniale Shows mit Delphinen, Papageien oder Orcas und viele andere Tiere bestaunen kann, und der Jardin Botanico in Puerto de la Cruz, der als einer der schönsten botanischen Gärten der Welt gilt (sehr eindrucksvoll z.B. Würg-Feigen- und Leberwurst-Bäume).

Im durch vulkanische Aktivitäten geformten Anaga-Gebirge bestaunten sie den urweltlichen Lorbeerwald, die Baumheide im Mercedes-Wald und im inmitten von Palmenhainen, Drachenbäumen, Feld- und Weinterrassen gelegenen Küstenort Taganana die Wellen des Atlantik.

Acharávi

Lage: 39° nördliche Breite, 19° östliche Länge

Land: Griechenland

Region: Ionische Inseln

Insel: Korfu

Einwohner: ca. 1.000

Sehenswürdigkeiten:

- Volkskundemuseum Acharávi
- Ruinen eines Römerbades
- Gebirgsmassiv Pantokratos
- Olivenplantagen
- verlassene Stadt Perithia
- Wasserpark Hydropolis
- antike Stadt Korfu (Kerkyra)
- Kavos
- Paleokastritsa
- Schifffahrt nach Albanien

Statt auf Korfu von einer Sehenswürdigkeit zur nächsten zu eilen, wollten Katharina und Rolf für ein paar Tage das Leben in einem kleinen griechischen Ort genießen, einheimische Spezialitäten kennen lernen, beim Wandern die Natur bewundern, am 7 km langen Sandstrand von Acharávi entspannen und dort romantische Sonnenuntergänge mit Glühwürmchen beobachten.

Korfu, die „grüne Insel" vor der griechischen Nordwestküste im Ionischen Meer, machte ihrem Namen mit vielen Wildblumen und Zitrusfrüchten, ausgedehnten Olivenhainen, Zypressen und Weinanbau aufgrund eines speziellen Mikroklimas alle Ehre.

Sie genossen diese landschaftliche Pracht – immer im Wechsel mit weiten Fernblicken auf das Ionische Meer, die Diapontischen Inseln oder die nahe albanische Küste – auf dem Weg nach Lafki (490 m über dem Meer) im zerklüfteten Pantokratos-Gebirgsmassiv.

Dort kehrten sie in der Taverna Nefeli bei reizenden Gastleuten ein, aßen Zucchinipuffer, Tzatziki, Erdbeeren, Toastbrot und erfreuten sich an tollen Blicken ins Tal.

Auf dem Rückweg nach Acharávi bewunderten sie die schönen Gärten in den kleinen Gehöften Lafkis, erkannten den Olivenbaum als Symbol des Lebens und für Fruchtbarkeit, kamen darüber mit einer herbei eilenden Bäuerin ins Gespräch und erstanden bei ihr sehr leckeres Olivenöl, dem sie nach dem Verzehr und zurück in der Heimat noch lange hinterher trauerten!

Langeoog

Lage: 53° nördliche Breite, 7° östliche Länge

Land: Deutschland

Bundesland: Niedersachsen

Region: Ostfriesische Inseln

Einwohner: ca. 1.900

Einwohnerdichte: 92 Einwohner/km^2

Sehenswürdigkeiten:

- Wasserturm
- Seehundbänke
- Melkhörndüne
- Hauptstrand Langeoog
- Schifffahrtsmuseum
- Aussichtsplattform Osterhook
- Meerwasser-Erlebnisbad
- Inselkirche
- Vogelwärterhaus
- Beach Hall

Dass Heimaturlaub ein von vielen unterschätztes Reiseziel ist, wird bei einem Aufenthalt auf den sieben Ostfriesischen Inseln deutlich. Welcher Seemann lag bei Nora im Bett? (Wangerooge, Spiekeroog, Langeoog, Baltrum, Norderney, Juist, Borkum) - diese Frage stellten sich also Rolf und seiner Frau. Die Wattlandschaft auf der einen, die raue Nordsee auf der anderen Seite; wie bei allen anderen Ostfriesischen Inseln auch: Langeoog bot dann aber noch viel mehr, wie das Tagebuch beweist:

28.4.: ... sind mit der Fähre Langeoog III von Bensersiel losgefahren und dann vom Hafen mit dem Inselbähnchen in den Ort, denn Langeoog ist erfreulicherweise eine autofreie Insel; im Fischerhus leckere Fischbrötchen gegessen (Rolf: Makrele, ich: Schillerlocken) ...

29.4.: ... Aufenthalt am herrlichen, 14 km langen Sandstrand, der buhnenfrei ist; sind einige Kilometer bei steifer Brise nach Osten zur Meierei Ostende gewandert, konnten viele Vögel beobachten und haben Rotschenkel, Austernfischer und Seeschwalben gesehen; zurück über die genau in der Inselmitte gelegene, 20 m hohe Melkhorndüne mit tollen Ausblicken auf das Meer, danach wieder im Fischerhus eingekehrt und Kabeljau verspeist ...

30.4.: ... am Sonntag sind wir mit einem Ausflugsschiff zu den Seehundbänken gefahren; durch das Fernglas konnten wir den Tieren gut beim Sonnenbaden zuschauen ...

31.4.: ... haben heute eine lange Fahrradtour gemacht; wir hatten Sonnenschein, so dass ich in Wanderbluse und Rolf sogar im T-Shirt fahren konnte; auf dem Straßenfest eine Maibowle gesüffelt ...

1.5.: ... abschließender Spaziergang am Strand, dann wartet leider schon die Fähre und ab nach Hause ...

2.5.: ... wir lassen die wunderbaren Tage auf Langeoog gemütlich ausklingen; Rolf hat schon einen Katalog von Baltrum bestellt ...

Bezau

Lage: 47° nördliche Breite, 9° östliche Länge

Land: Österreich

Bundesland: Vorarlberg

Region: Bregenzerwald

Einwohner: ca. 2.000

Einwohnerdichte: 59 Einwohner/km^2

Sehenswürdigkeiten:
- Museumsbahn Bregenzerwald
- Seilbahn Bezau
- Heimatmuseum
- Musikfestival Bezau
- Kurt´s Dorfzügle
- Fitnessparcours Ölberg
- Panorama-Rundweg Niedere
- Vorsäßsiedlung Schönenbach
- Känzele
- Winderstaude

Der Bregenzerwald grenzt im Westen an die Bodensee-Region, im Norden an Bayern mit den Landkreisen Lindau und Oberallgäu, im Nordosten an das Kleinwalsertal, im Osten an das Arlberg-Gebiet und im Süden an das Große Walsertal.

Wegen seiner vielen Wander- und Radwege, der Bregenzerwald-Bahn und der überregional bekannten Käsestraße Bregenzerwald war diese Region mit seinem Hauptort Bezau - auch für Rolf und seine Frau - oftmals ein verlockendes Reiseziel.

Denn das Entschleunigen und Waldbaden gelang ihnen in diesem Gebiet besonders gut:

In Lingenau genossen sie in der großen Käsehalle eine unglaublich gute Käseplatte – mit Blick auf hohe Regale mit unzähligen Käserädern.

Auf einer Wiesenrunde durch Bezaus reizvolle Umgebung folgte oftmals Entspannung auf dem Balkon, gewürzt mit Fernblicken auf das Känzele, die Kanisfluh oder die Winterstaude.

Das leibliche Wohl wurde begleitend immer auch durch den Genuss von weiteren Bregenzerwälder Köstlichkeiten befördert: Buchweizenknödel, Spinatknödel, echtes Wiener Schnitzel (Kalbfleisch), Knöpfle, Käsespätzle, Kaiserschmarrn, Brettl-Jause (Käse und Speck), Rübli-Kuchen …

Die hochalpinen Touren führten sie über den Rimbsgrund nach Bizau, von Baumgarten über die Hintere Niederealpe zur Wildmoosalpe, von Mellau über die Rossstellenalpe zur Wildguntenalpe, von der Kanisalpe zur Wurzachalpe oder von der Unteren Niederealpe zur Alpe Stongen und zurück nach Bezau.

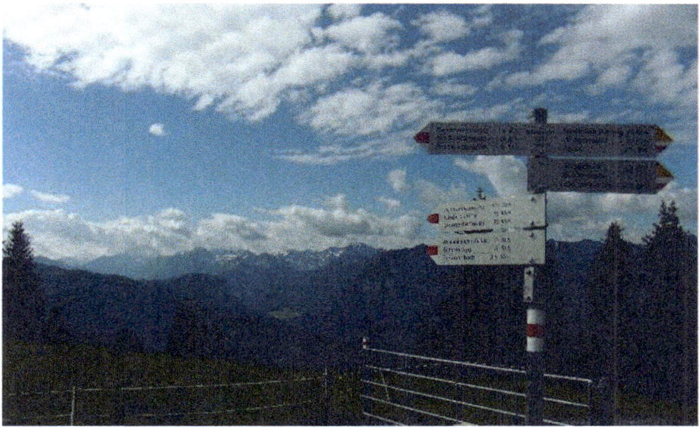

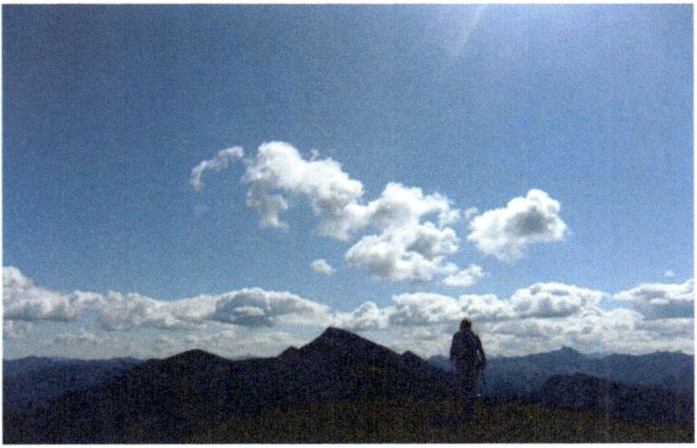

Bad Hindelang

Lage: 47° nördliche Breite, 10° östliche Länge

Land: Deutschland

Bundesland: Bayern

Region: Oberallgäu

Einwohner: ca. 5.200

Einwohnerdichte: 38 Einwohner/km^2

Sehenswürdigkeiten:
- Hornbahn
- Bergbahnen Oberjoch
- Wildbachtobel
- Hirschbachtobel
- Pfarrkirche St. Antonius
- Hammerschmiede Neßler
- Bio-Schaukäserei Obere Mühle
- Breitach-Klamm bei Oberstdorf
- Ausflug nach Wangen
- Ausflug ins Tannheimer Tal (Österreich)

Sie schätzten die Bergwelt des Oberallgäus mit ihren saftig-grünen Wiesen, den dunkelgrünen Wäldern, traditionellen Almhütten und dem alljährlich im September stattfindenden Almabtrieb und Viehscheid rund um Bad Hindelang sehr, nahmen dies nicht als etwas Selbstverständliches, sondern als großes Geschenk für den Reisenden. Wie in kaum einer anderen Region erhielten Rolf und Katharina hier mehrmals die maximale Dosis Erholung und Ruhe: Das Reisetagebuch verzeichnete sogar die Eintragung „perfekte Urlaubstage"!

Bad Hindelang (850 m) war für sie ein Paradies für Tal- und Bergwanderer - mit einem Qualitätssiegel für Allergiefreundlichkeit ausgezeichnet, denn die Höhenlagen des heilklimatischen Dorfs sind äußerst arm an Pollen- und Schimmelpilzsporen, komplett frei von Hausstaubmilben und praktisch frei von Feinstaub.

Nicht zuletzt wurden sie von ihren Allgäuer Lieblingsgerichten immer wieder magisch angezogen: Gröstl, Kaiserschmarrn, Kässpatzen, Alm-Ochse, Brettljause, Schupfnudeln u. Kraut, Apfelstrudel ...

Manche Wanderziele visierten sie mehrfach an: das Retterschwanger Tal, das Obertal und das Bärgündele-Tal.

Über Café Horn ging es ins sehenswerte Retterschwanger Tal; dort war die Sennalpe Mitterhaus das Ziel. Während dieser Wanderung hatten sie sehr schöne Blicke auf die umliegenden Berge, wie Breitenberg, Rotspitze und Großer Daumen.

Ausgangspunkt für das Obertal war das Giebelhaus, das sie mit dem Bus durch das 10 km lange Hintersteiner Tal erreichten. Das Obertal ist recht eng und von markanten Gipfeln gesäumt (Giebel, Schochen, Großer Seekopf). Sie sahen viele Wildblumen und auch Murmeltiere ließen sich blicken. Das Einkehren in der Laufbichelalpe war dann bei Käse- und Schinkenbrot sowie Allgäuer Bier sehr entspannend.

Im Bärgündele-Tal sahen Rolf und Katharina beim Aufstieg zur Unteren Bärgündele-Alpe 6 Wasserfälle nebeneinander von den Bergen stürzen, denn es hatte in der Nacht geregnet. Dabei hatten sie gedacht, dass nach der beeindruckenden Breitach - Klamm bei Oberstdorf nicht mehr viel kommen könnte!

Göhren

Lage: 54° nördliche Breite, 14° östliche Länge

Land: Deutschland

Bundesland: Mecklenburg-Vorpommern

Insel: Rügen

Einwohner: ca. 1.350

Einwohnerdichte: ca. 180 Einwohner/km^2

Sehenswürdigkeiten:

- Seebrücke
- Strandpromenade
- Kurpark und Kurpavillion
- Schrägaufzug
- Rasender Roland
- Dorfkirche
- Bäderarchitektur
- Naturschutzgebiet Mönchgut
- Wissower Klinken
- Südstrand

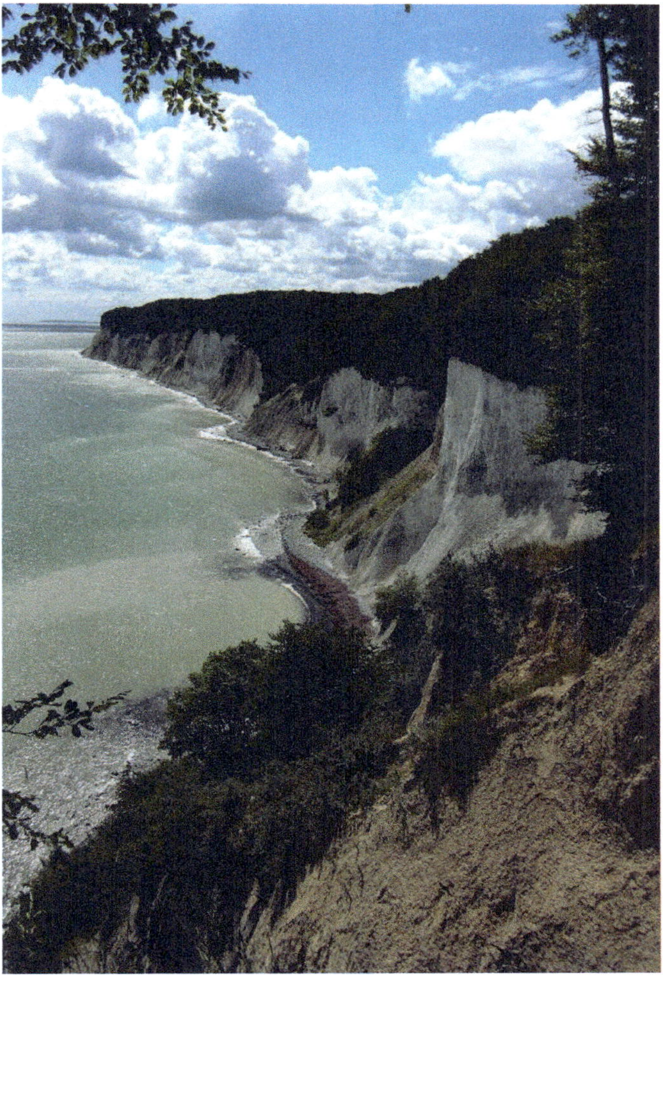

Rolf und Katharina wollten wieder einmal auf der wunderschönen Ostsee-Insel Rügen die Seele baumeln lassen, an die sie schon in früheren Jahren ihr Herz verloren hatten:

Sonntag, 20.7.: ... mit der Autofähre in Stahlbrode nach Rügen übergesetzt; stressfreie Fahrt nach Göhren und Bezug der Pension; später im Bahnhofs-Restaurant Brathering mit Bratkartoffeln verspeist ...

Montag, 21.7: ... Bummel durch Göhren, das uns mit seiner schönen Bäderarchitektur, der rd. 400 m langen Seebrücke und der neu gestalteten Strandpromenade wieder sehr vertraut vorkam; Fischbrötchen satt gegessen; abends Triominos gespielt ...

Dienstag, 22.7.: ... gemütliche Wanderung von Göhren nach Baabe über den Nordperd und durch die Baaber Heide; auf dem Rückweg am Bahnhof drei Fischbrötchen für das Abendessen gekauft und aus der Bücherei drei Bücher ausgeliehen ...

Mittwoch, 23.7.: ... Fahrt nach Ribnitz-Damgarten über den neuen Rügendamm; in der Bernsteingalerie meinen Geburtstagsgutschein eingelöst und danach das Bernsteinmuseum besucht ...

Donnerstag, 24.7.: ... Radtour nach Klein-Zicker, von dort nach Gager; mittags lecker Butterfisch und Lachssteak verspeist; über Middelhagen ging es zurück nach Göhren; abends sitzen wir wieder entspannt auf dem Balkon und genießen die weite Aussicht auf die Ostsee ...

Freitag, 25.7.: ... unvergessliche zweistündige Schiffstour um das Naturschutzgebiet der Insel Vilm auf dem Greifswalder Bodden (sozusagen eine Lagune in der südlichen Ostsee mit tollen Wassersport-Möglichkeiten, größter Bodden der vorpommerschen Ostseeküste); mittags Ostseeplatte gegessen: köstlich; abends 150 Seiten im Harry Potter gelesen: Voldemort ist besiegt! ...

Samstag, 26.7.: ... 8 km lange Wanderung auf dem Hochuferweg von Sassnitz aus durch dichten Buchenwald zu den weltberühmten Wissower Klinken; wir genießen das blaue Meer rechts, den grünen Wald links und voraus das Weiß der imposanten Kreidefelsen mit der Viktoriasicht – traumhaft schön ...

Zell (Mosel)

Lage: 50° nördliche Breite, 7° östliche Länge

Land: Deutschland

Bundesland: Rheinland-Pfalz

Einwohner: ca. 4.100

Einwohnerdichte: 90 Einwohner/km^2

Sehenswürdigkeiten:
- Collis-Steilpfad und -Turm
- Keltenhof
- Figur der Zeller Schwarze Katz
- Schwarze Katz-Brunnen
- Weingüter
- Wein- und Heimatmuseum
- Kirche St. Peter
- Calmont Klettersteig
- Beilstein mit Burg Metternich
- Cochem mit Reichsburg

In den letzten Jahren hatten Katharina und Rolf Deutschland mit seinen vielfältigen und großartigen Landschaften lieben und schätzen gelernt. Nach mehrmaligem Besuch von Nord- und Ostsee, der Allgäuer Alpen und von einigen Mittelgebirgen (Erzgebirge, Harz, Pfälzer Wald) stand nun mit der Mosel eine der schönsten Kulturlandschaften im Herzen Europas auf der Wunschliste: steile, von der Sonne verwöhnte Hänge mit Weinreben, soweit das Auge reicht, zu deren Füßen niedliche Winzerörtchen mit Fachwerkbauten und prächtigen Weingütern liegen - mit reizvollen Ausblicken auf die vielen Flussschleifen der Mosel.

In Zell mit seinen ca. 6 Mio. Rebstöcken und der überregional bekannten Wein-Großlage Zeller Schwarze Katz – in der Flussschleife Zeller Hamm gelegen – interessierte sie vor allem das alljährlich stattfindende Fest zum neuen Federweißen, dem sie neben leckerem Zwiebelkuchen reichlich zusprachen.

Dem Kater musste am nächsten Tag mit einer Wanderung durch die Liebesschlucht mit romantischem Bachlauf entgegengewirkt werden!

Weitere Touren führten Katharina und Rolf zu Fuß durch die Weinberge zur Marienburg, auf dem Collis-Rundweg zum Roten Turm, zur Burg Eltz oder mit dem Schiff nach Beilstein, Cochem und Bernkastel-Kues, dem Herz der Mittelmosel mit seiner von Feuersbrünsten und kriegerischen Auseinandersetzungen verschonten mittelalterlichen Stadt-Szenerie.

Auf ewig im Gedächtnis bleiben wird ein Ausflug in die Vulkaneifel, wo die Eifel vor 10.000 Jahren mit ihren Kratern und ca. 50 Maaren (= Vulkanseen) vorerst zum letzten Mal brodelte. Hier fühlten sie sich wie auf einer Zeitreise durch die Erdgeschichte. Die aus dem Laacher See (größtes Eifel-Maar) aufsteigenden Mofetten (Kohlensäure-Gas) zeigten ihnen, dass der Vulkanismus in der Eifel keineswegs erloschen ist, und es kam ein Gefühl der Demut auf.

Wernigerode

Lage: 51° nördliche Breite, 10° östliche Länge

Land: Deutschland

Bundesland: Sachsen-Anhalt

Region: Harz

Einwohner: ca. 32.000

Einwohnerdichte: ca. 190 Einwohner/km^2

Sehenswürdigkeiten:

- Schloss Wernigerode
- Marktplatz
- Historisches Rathaus
- Parkanlage Lustgarten
- Bürger- und Miniaturenpark
- Museum Schiefes Haus
- Wildpark Christianental
- Nationalpark Harz
- Brocken
- Brockenbahn

Wernigerode, die „bunte Stadt am Harz" mit unzähligen mittelalterlichen Sehenswürdigkeiten, hatte Rolf und Katharina über die Jahre bei vielen Reisen inspiriert, und der Touristenmagnet war Ausgangspunkt für viele Touren und Wanderausflüge in das kleinste und nördlichste Mittelgebirge Deutschlands gewesen.

Der Harz mit seinen idyllischen Fachwerkstädtchen, auffallenden Bergen (u.a. dem Brocken, dem Wurmberg, der Leistenklippe), seinen tief eingeschnittenen Tälern, der artenreichen Flora und Fauna, den vielen Wasserfällen, dunklen Felsformationen, der Harzquerbahn, vielen Bergwerken und Burgen ist schon lange eine beliebte Reiseregion und hat in der Vergangenheit immer wieder große Dichter (wie z.B. Goethe, Heine, Fontane) und andere berühmte Reisende inspiriert.

Auf ihren Spuren erkundete das Ehepaar die tausendjährige Stadt Goslar, das zu Füßen des Brocken gelegene Ilsenburg, die UNESCO-Weltkulturerbe-Stadt Quedlinburg, Stolberg, die „Perle des Südharzes", mehrfach Wernigerode, die im 12. Jahrhundert errichtete Burg Hohnstein bei Neustadt oder die bezaubernde Burg Falkenstein im Selketal.

Pures Naturerleben bot dann das Wanderangebot der „Harzer Wandernadel", das sie mit Hilfe eines Wanderpasses auf 8.000 km ausgeschilderten Wanderwegen zu 222 interessanten Stempelstellen und Zielen führte, die man sonst vielleicht niemals erreicht hätte.

Die Wanderbegeisterung wuchs und mit ihr der Wunsch, den Wanderpass mit möglichst vielen Stempeln von unterschiedlichsten Zielen im Harz zu füllen.

Landschaftlich besonders attraktiv erschienen ihnen das Bodetal, das Okertal, das Selketal, der Brockenaufstieg, die Oberen Ilsefälle, die Große Zeterklippe, die Burgruine Regenstein, die Wolfswarte, die Teufelsmauer und und und …

Und ehe sie sich´s versahen, war Rolf Wanderkönig und Katharina sogar Kaiserin!

In Erinnerungen schwelgen an ...

- ❖ die Ostsee und die Strandwanderung von Rerik nach Kühlungsborn
- ❖ die Nordsee und den Blick über die Dünenlandschaft Baltrums
- ❖ den Harz und die Familienwanderung zum Josephskreuz
- ❖ den Viehscheid im Tannheimer Tal
- ❖ das Oberallgäu und den Blick vom Steinpass-Sattel auf die Hirschalpe
- ❖ das Montafon u. den Aufstieg nach Montiel
- ❖ die Costa Brava und die eine Diskothek in Lloret de Mar
- ❖ den Gardasee und die Gastfreundschaft in Gargnano
- ❖ das Oberinntal und die Wanderung zur Hohenzollernhütte mit Übernachtung
- ❖ Gomera, den Zackenbarsch und fetzige Musik in der Hippie-Bar
- ❖ Japan und die Schiffsreise zur Insel Shikine-jima
- ❖ Hongkong und die Fähre nach Macau
- ❖ Singapur und das tropische Feeling in dieser futuristischen Stadt

- ❖ Malaysia und die Taxi-Fahrt durch tropischen Regenwald nach Penang, Batu Ferringhi
- ❖ Kuala Lumpur und die Gastfreundschaft von Ernest W. Tallalla
- ❖ Peking und den Busfahrer, der ein Schimpfenzeichen machte
- ❖ Downtown San Diego und den abendlichen Spaziergang zum Guitar Place
- ❖ Venezuela, die Fahrt nach Merida und die drei Banditen in der Dorfkneipe
- ❖ Caracas und Jorge, der eine Kirche am „Karlfreitag kleingebastelt" hatte
- ❖ die Isla Margarita, den morgendlichen Besuch eines Kolibris, die Wolfsspinne und die Partynacht in Los Tinajones bei Enrique
- ❖ Moorea und den Blick auf Cooks Bay
- ❖ Kenia und die geheimnisvollen Geräusche in der Savannenlandschaft
- ❖ Costa Rica, den Leguan beim Frühstück und den Bekannten aus Burkina Faso
- ❖ die Türkei, Methis Kneipe in Bursa, den reichlichen Genuss von Raki mit Baklava und das Hotelzimmer, das wegkippte
- ❖ La Palma und die Wanderung durch den Barranco der Todgeweihten
- ❖ Franken und die Romantische Straße
- ❖ Zell und den göttlichen Mosel-Riesling

- Portugal und goldene Atlantik-Strände
- Korfu und die abendlichen Glühwürmchen vor dem Appartement
- Kreta und die Wanderung durch die Iríni-Schlucht
- den Traumstrand auf Fuerteventura
- Mallorca und die Erkundung des Naturparks Reserva Galatzó
- Osttirol, das Berggasthaus Trojen und das Picknick unter der Roten Wand
- die Eifel, den Kaltwassergeysir in Andernach und den Wallenser Brubbel
- die Mosel und die Glaubersalz-Therme in Bad Bertrich
- das Erzgebirge und die Seiffener Holzschnitzkunst
- den Bregenzerwald und den 1000-Meter-Aufstieg von Schnepfau zur Mittleren Hirschbergalpe
- den Pfälzerwald und das Burgen-Dreigestirn Trifels-Anebos-Scharfenberg
- Boltenhagen und die leckersten Fischbrötchen an der Ostsee
- den Harz und die Brockenbesteigung auf dem Hexenstieg
- den Solling und den Wildpark in Neuhaus

Über Reisen ...

Reisen sind das beste Mittel zur Selbstbildung.

(Demokrit)

Eine Reise ist ein Trunk aus der Quelle des Lebens.

(Friedrich Hebbel)

Reisen ist tödlich für Vorurteile.

(Mark Twain)

Wir reisen von Zuhause fort, um reicher an Leben heimzukehren.

(Hans Margolius)

Nichts entwickelt die Intelligenz wie das Reisen.
(Emile Zola)

Das Reisen lehrt Toleranz.
(Benjamin Disraeli)

Zu reisen ist zu leben.

(Hans Christian Andersen)

Wo auch immer Du hingehst, dort bist Du.

(Konfuzius)

Umwege erweitern die Ortskenntnis.

(Kurt Tucholsky)

Viel wandern macht bewandert.

(Peter Sirius)

Erst die Fremde lehrt uns, was wir an der Heimat besitzen.

(Theodor Fontane)

Wer kein Ziel hat, kann auch keines erreichen.

(Laotse)